Backe, backe Kuchen,
der Bäcker hat gerufen,
hat gerufen die ganze Nacht,
Bärbel hat keinen Teig gebracht,
dann kriegt sie auch keinen Kuchen.

Wir öffnen jetzt das Taubenhaus,
die Täubchen fliegen froh hinaus.

An diese alten Kinderreime, verbunden mit lustigen Fingerbewegungen, kann ich mich noch deutlich erinnern, wenn ich an meine Kindertage zurückdenke. Sicher geht es Ihnen auch so, dass solch lieb gewonnene Fingerspiele in Ihrer Erinnerung auftauchen. Diese kostbaren Schätze können wir weitergeben: an die eigenen Kinder zu Hause, an Kinder in der Gruppe, die uns anvertraut sind.

Barbara Cratzius

Die Deutsche Bibliothek – CIP-Einheitsaufnahme

Lustige Fingerspiele für die Kleinsten /
Barbara Cratzius ; Regine Altegoer. – München : Ars-Ed., 2003
ISBN 3-7607-5884-3

1. Auflage 2003

Text: Barbara Cratzius
Titelbild und Innenillustration: Regine Altegoer
Redaktion: Sibylle Lehmann
Umschlaggestaltung: Peter Hofstätter – Angewandte Grafik, München
ISBN 3-7607-5884-3

www.arsedition.de

Barbara Cratzius · Regine Altegoer

Lustige Fingerspiele für die Kleinsten

arsEdition

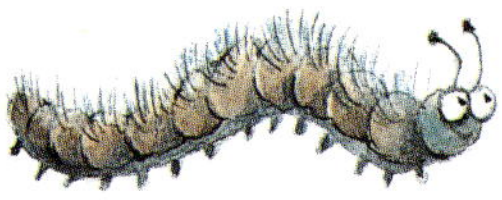

Unsere Finger sind wahre Zauberwesen

»Oh – das dauert ja schrecklich lang, bis wir bei Oma und Opa sind!«, fängt Michael an zu quengeln, bald nachdem die Familie auf die Autobahn gefahren ist.
Der Vater seufzt: »Nun hör mal auf dahinten, ich muss mich konzentrieren bei dem Verkehr!«
Die Mutter will den Kleinen beschäftigen. Die Indianerfiguren aufzubauen – das geht nicht bei der schnellen Fahrt. Malstifte und Zeichenblock herauszuholen, das lohnt sich auch nicht.
»Guck mal, die Pferde und Kühe da drüben!« So versucht sie den Kleinen abzulenken. »Und da auf dem Strommast, da sitzt ein Raubvogel, das ist wohl ein Bussard!«
Aber Michael hat mit Raubvögeln und Kühen nichts im Sinn. Da lässt die Mutter die Finger zappeln. Sie erinnert sich an ein paar lustige alte Fingerreime und sie holt ihr »Zauberbuch« hervor, wie Michael es nennt, mit den lustigen neuen Fingerspielen und Liedern von Tieren, Piraten, Hexen und Gespenstern ...
Die Zeit vergeht wie im Fluge. Michaels kleine Finger zappeln mit, er spielt die Verse nach und freut sich, wenn er ein neues Reimwort gefunden hat. Begeistert lässt er die Lerche, den Kuckuck, den Storch und den Drachen hoch steigen, fast bis unters Autodach.
Für solche und ähnliche Gelegenheiten, für langweilige Regentage, für Stunden im Wartezimmer beim Arzt, für kleine Patienten im Krankenbett und für fröhliche Spielstunden im Kinderkreis habe ich die vielfältigen Mitmach-Ideen in diesem Buch entwickelt.

Unsere Finger sind wahre Zauberwesen! Sie sind biegsame, zappelnde Dinger, die sich wunderbar zum Verwandeln eignen. Sie können zu Ochs und Esel, zu Schwalbe und Storch, zu Knospen und Blüten, zu Gespenstern und Piraten, zu Sonne und Mond werden. Und dabei bleibt das Kind immer noch der Mittelpunkt, der »Held« in vielen Geschichten, die wir ihm mit den Fingern vorspielen und die es selbst mitspielt.

Wir beziehen das Kind immer wieder bei den lustigen Spielgeschichten mit ein; es darf mitfühlen, lachen, mitdenken, sich freuen und staunen. Dabei können wir die Finger mit ein paar Farbklecksen, mit Fingerpuppen aus Filz oder Papier und mit Stoffresten verwandeln. Dazu gehören die lustigen Verse, die aus den zappelnden Fingern ein richtiges kleines Theater machen.

Dieses Buch bietet – dem Gang des Jahres entsprechend – viele neue Fingerspiele, Rätsel und Reimspiele an, die Fantasie und Gestaltungskräfte des Kindes beflügeln. Schon die Kleinsten werden die eingestreuten Bastelarbeiten nachgestalten können.

Wenn wir die kleinen Hände bei den Fingerspielen mitzappeln lassen und bei den Bastelarbeiten beschäftigen, wenn die Kinder die lustigen Verse hören, mitsprechen und vielleicht neue Reime erfinden, dann entwickeln sich ihre feinmotorischen und sprachlichen Fähigkeiten auf spielerische Weise.

Die Bewegung, die Sprache und die geistige Entwicklung der Kinder gehören eng zusammen. Beim fröhlichen Spielen, Singen und Basteln geschieht mehr als das Kind bei guter Laune zu halten. Es fühlt sich nicht allein, es spürt unsere liebevolle Zuneigung mit allen Sinnen, über die Haut, über das Auge und Ohr.

Das sind wertvolle Erfahrungen, damit es sich später zu einem liebesfähigen, kontaktfreudigen Menschen entwickeln kann.

Mit der Bimmelbahn durchs Jahr

Erste Haltestelle: Der Frühling

Da fährt die alte Bimmelbahn
von hier nach Kinderhausen.
Sie hält wohl hier und dort mal an,
fährt langsam, ohne Brausen.
Tsch – tsch – über Stock und Stein,
du und ich, wir steigen ein,
es gibt viel zu sehen!

Da zuckelt nun die Bimmelbahn,
fährt Jahr um Jahr im Kreise.
Sie zischt und knallt und pufft
und tutet laut und leise.
Tsch – tsch – über Stock und Stein,
du und ich, wir steigen ein,
es gibt viel zu sehen!

Im Frühling geht die Reise los,
der Winter will nicht weichen.
Doch horch – die erste Amsel schlägt,
das ist ein gutes Zeichen.
Gute alte Bimmelbahn,
halte doch ein Weilchen an,
es gibt viel zu sehen!

Sind Dachs und Igel aufgewacht
und blinzeln in der Sonne.
Das letzte Eis schmilzt dort am Bach
und an der Regentonne.
Unsre Bimmelbahn hier nun hält,
denn von der schönen Frühlingswelt
wolln wir euch erzählen.

An dieses Gedicht lassen sich viele Aktivitäten anknüpfen.

1. Wir basteln die Bimmelbahn als Collagenbild aus vielen verschiedenen Materialien.

2. Wir bauen die Bimmelbahn aus großen alten Kartons, indem wir die Kartons einfach mit den Öffnungen nach oben hintereinander stellen. Ein Kind ist der Zugführer und wird mit Pfeife und Kelle ausgerüstet. Mit vielen Geräuschen (mit dem Mund erzeugt oder mit Trillerpfeifen, Orff-Instrumenten usw.) setzt sich die Bimmelbahn in Bewegung. Dabei können die »Waggons« auf Decken gestellt und von den anderen Kindern langsam vorwärts gezogen werden.

Zwiegespräch zwischen Schneemann und Sonne

Fingerspiel für bemalte Finger

Schneemann:

Sonne, Sonne, lass dein Scheinen,
oh – da muss ich Schneemann weinen.
Du, ich sag es nicht im Scherz,
bald schmilzt mir mein Schneemannherz.
Ua – ua – ua. (Er weint.)

Sonne:

Warme Strahlen lass ich scheinen,
Schneemann, Schneemann, du sollst weinen.
Helle Strahlen, frühlingswarm,
schon schmilzt dir der rechte Arm.
Oho – oho – oho. (Sie lacht.)

Schneemann:

Sonne, Sonne, lass dein Scheinen,
oh – da muss ich Schneemann weinen.
Böse Sonne, weh – o Graus,
ziehst mir meine Hemden aus.
Ua – ua – ua. (Er weint.)

Sonne:

Warme Strahlen lass ich scheinen,
Schneemann, Schneemann, du sollst weinen.
Nun sind Hut und Nase dran
von dem kalten, weißen Mann.
Oho – oho – oho. (Sie lacht.)

Schneemann:

Sonne, Sonne, lass dein Scheinen,
oh – da muss ich Schneemann weinen.
Immer tiefer sinkt mein Kopf,
ach, nun geht es tropf, tropf, tropf.
Ua – ua – ua. (Er weint.)

Der Schneemann wird immer kleiner, der Finger krümmt sich.

Sonne:

Warme Strahlen lass ich scheinen,
Schneemann, Schneemann, du sollst weinen.
Morgen früh so gegen zehn
ist nichts mehr von dir zu sehn.
Oho – oho – oho! (Sie lacht.)

Der Schneemann verschwindet in der linken Faust, die Sonne tanzt um ihn herum.

Der Zeigefinger der linken Hand ist der Schneemann, der der rechten Hand die Sonne. Die Sonne kann um den Schneemann herumwandern. Der linke Zeigefinger kann hierbei als Schneemann angemalt werden, wobei auf die Fingerkuppe ein Schneemanngesicht gemalt wird, auf die Kuppe des rechten Fingers entsprechend ein Sonnengesicht. Um die Finger zu verzieren verwendet man am besten Fingerfarben, da diese leicht abwaschbar sind.

Vom Großreinemachen im Frühling

Reimspiel

Wenn die Frühlingssonne lacht,
wird bei mir Großrein ge... macht.

Ich wisch mir die Augen aus
und mach sauber nun mein ... Haus.

Meine Tür ist zugestopft
dicht mit Kalk. Hallo, wer ... klopft?

Wird das schon der Nachbar sein?
Wartet der im Sonnen... schein?

Komm, ich mach dir auf die Tür.
Hei, er bringt drei Blättlein ... mir

schon zum Frühstück, das ist fein!
Doch ich bitt ihn nicht ... herein.

Muss erst Staub und Dreck wegfegen,
muss erst Hand und Fuß be... wegen!

Und ich feg nun schnell und schneller
von dem Boden bis zum ... Keller.

Nun ist alles frisch und rein.
Kommst du auch zu mir ... herein?

Wer macht alles blank und rein?
Ja – die ... (Schnecke) wird das ... sein!

Wir erklären den Kindern, dass die Schnecke ihr Haus im Winter dicht mit Kalk verschließt, damit Kälte und Nässe nicht eindringen können.

Der fleißige Honigträger

Rätsel

Breitet ihre Flügel aus,
fliegt fort aus ihrem Haus.
Voll die Höschen, voll der Magen,
kannst du ihren Namen sagen?

(Biene)

Holterdipolter

Rätsel

Das ist ein wilder böser Gesell,
der saust durch alle Straßen schnell,
kann an den Fenstern rütteln.
Wirft Hagelkörner ins Gesicht,
reißt Hüte fort und schämt sich nicht,
mag an den Zweigen schütteln.
Nun rate mal, mein liebes Kind,
das ist im März der ...

(Wind)

Fingerspiel von den jungen Schwalben

An der Scheunenwand – so schaut,
hat die Schwalbenmutter ihr Nest gebaut.
Wie viele Schnäbel gucken raus
aus dem kleinen Schwalbenhaus?
1-2-3-4.
So viele Schnäbel seh ich hier.

Die linke Hand wird zum Nest gewölbt.
Die Finger der linken Hand sind die Schwälbchen, die aufgeregt hin und her zappeln.

Das fünfte Schwälbchen hat sich versteckt,
das hab ich eben erst entdeckt.
Jetzt zwitschert's laut: »Piep-piep-piep,
gebt mir ein Würmchen, habt mich doch lieb!«

Der kleine Finger ist nach unten gebogen. Nun richtet sich der kleine Finger auf und zappelt herum.

Da kommen in hohem Bogen
die Schwalbeneltern angeflogen.
Sie stopfen und stopfen – ist das nicht toll,
alle kleinen Schnäbel voll!

In hohem Bogen umkreisen Zeige- und Mittelfinger der rechten Hand die linke Hand.

Sie tippen nacheinander die Finger der linken Hand an.

Schon sind die Schnäbel der Eltern leer,
und es piept: »Mehr, mehr – noch mehr!«
Doch eines Tages sind alle groß,
sie heben die Flügel und fliegen los.
Nun jagen am Himmel sie hin und her.
Ach, wenn ich doch ein Schwalbenkind wär!

Nun ziehen alle fünf Finger der linken Hand in hohem Bogen ihre Kreise.

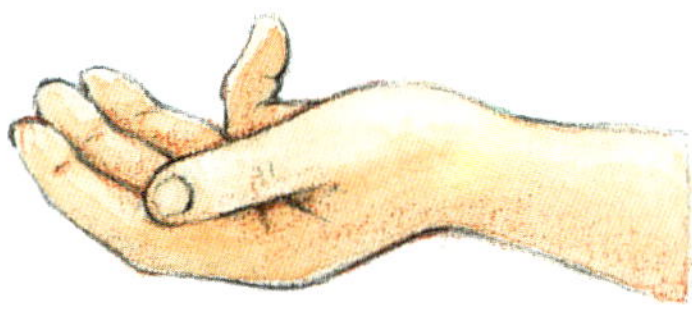

Raupe Nimmersatt

Wir brauchen: grünes und schwarzes Tonpapier, rotes Vivellepapier, Schere, Bleistift, Zirkel, Klebstoff

Mit einem Zirkel malen wir auf das grüne Tonpapier etwa 17-20 Kreise (etwa 6 cm Durchmesser), schneiden sie aus und kleben sie fächerförmig in einer gewundenen Linie übereinander, so dass wir die einzelnen Halbkreise aufklappen können (siehe Abbildung). Zum Schluss kleben wir auf den letzten Kreis die Augen und den Mund (rotes Vivellepapier) und oben an den Kreis zwei schwarze Fühler. Nun können wir unsere verschiedenen Raupen auf einer hellen Unterlage krabbeln lassen. Wir können in die Mitte einige grüne Blätter legen und die Raupen von allen Seiten zu einem »fröhlichen Blätterfrühstück« hinkrabbeln lassen.

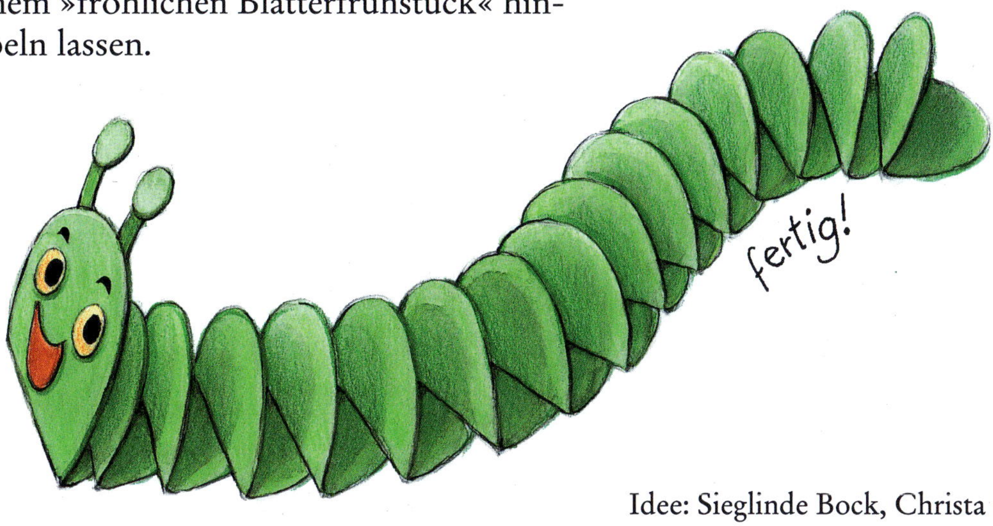

Idee: Sieglinde Bock, Christa Ebert

Der kluge Igel Stachelfritz

Ein Fingerspiel, das auch auf die Melodie von »Ein Vogel wollte Hochzeit machen« gesungen werden kann

Der Hase ruft: »Na, Stachelfritz,
ich lauf so schnell, fast wie der Blitz.

Doch du mit deinem Stachelfell,
du trippelst, trappelst gar nicht schnell.«

Der Igel spricht zum Hasen keck:
»Ich renne 1-2-3 dir weg!«

Der Hase denkt: »Das wolln wir sehn,
dem Stachelfritz soll's schlecht ergehn.

Ich kann ja laufen wie der Wind
die Ackerfurchen lang geschwind.

Im Wettlauf werd ich Sieger sein,
zehn Taler gibt's und guten Wein.«

Der Igel spricht zu seiner Frau:
»Ich bin zwar langsam, aber schlau.

Setz dich hierhin und ruf: ›Hurra!
Ich bin schon längst als erster da.‹«

Gesagt, getan, die Wette gilt,
der Hase jagt davon wie wild.

Da ruft's vom Acker her: »Hurra!
Ich bin schon lange, lange da!«

Der Hase denkt: »Ist's Zauberei?
Nochmal gelaufen 1-2-3!«

Und immer wieder ruft's »Hurra!«
Der Igel ist als Erster da.

Der Hase schnauft und ruht sich aus,
die Igel gehn vergnügt nach Haus.

Für dieses Spiel werden die Hände weit auseinander gehalten. Die aufgestellten Daumen sind die Igel. Der linke Zeigefinger ist der Hase. Er läuft immer ganz schnell hin und her. Am Ende jeder Strecke ruft der Igel keck: »Hurra! Ich bin schon lange, lange da!« Schließlich sinkt der linke Zeigefinger erschöpft nieder.
Hasen und Igel können auch sehr schön als Fingerpuppen gestaltet werden.

Alles nur Hasenspaß!

Fingerspiel für bemalte Finger, das sich für »Streithammel« in der Kindergruppe besonders gut eignet

Fips und Fops, zwei Hasenjungen,
kommen früh schon angesprungen.
So oft gibt es Streit und Zank,
sie ziehen sich die Ohren lang.
»Immer frisst du meinen Kohl!«,
schreit der Fips. »Was soll das wohl?«
»Und du klaust mir meine Rüben!
Das sind meine Felder drüben!«,
schreit der Fops und hebt die Pfoten.
»Rüben stehlen ist verboten!«
So geht das tagein, tagaus,
Mutter Hase schreit: »O Graus!
Ich werd euch das Fell versohlen.
Der Fuchs, der soll euch beide holen!«
Fips und Fops, die schaun sich an.
»Wir sind doch Freunde, Mann!
Was hast du denn wohl gedacht?
Wir haben doch nur Spaß gemacht.
Boxen, Knuffen mit den Pfoten,
das ist toll! Ist das verboten?
Das ist alles tief im Gras
nichts weiter nur als – Hasenspaß!«

Aus braunem Tonpapier schneiden wir lange Hasenohren und je ein Ohr wird auf einen Fingerring aus Pappe oder Filz geklebt. Wir agieren mit zwei Händen, wobei auf den Handrücken jeweils das Hasengesicht von Fips und Fops mit Augen, Nase und Schnurrbart geklebt oder gemalt wird. Die Papp-Hasenohren werden mit den Zeige- und Mittelfingern bewegt.

Der tollpatschige Osterhase

Wir brauchen: 40 x 25 cm Pappe (zur Hälfte knicken), braunes und weißes Tonpapier, Schere, Wachsstifte, Klebstoff

Die Form des Osterhasen auf das braune, die des Pinsels und des Eies auf das weiße Tonpapier aufzeichnen. Mit Wachsstiften die Osterhasenwiese auf die Pappe malen, ebenso die Figuren ausmalen und ausschneiden. Die Muster auf dem Ei können recht »tollpatschig« gemalt werden. Den Pinsel auf die Pfote des Hasen kleben. »Stege« (etwa 2 cm breit und 5 cm lang) aus der Pappe ausschneiden. Bei jedem Steg jeweils die Enden um 1 cm knicken. Nun werden die Figuren mit den Stegen an der Pappe befestigt: Jeweils ein Ende des Stegs an eine Figur, das andere Ende an die zu einem rechten Winkel gefaltete Pappe kleben. Stellen wir die Pappe im rechten Winkel auf, stehen Hase und Osterei mitten in der Wiese, klappen wir die Pappe zu, verschwinden die Figuren darin.

Idee: Christel Mehlig

Wo die Nester liegen

Fingerspiel für bemalte Finger

Kommt, meine Finger, lasst mich nicht warten,
wir laufen schnell in unseren Garten.
Da machen wir ein schönes Nest
für die Osterhasen zum Osterfest.
Wir fangen bei dem Brunnen an,
damit der Hase es auch sehen kann.
Dann legen wir eins in die Weißdornhecken,
das Nächste wolln wir im Moos verstecken.
Wir polstern ein Nest im Regenfass
und eins hinterm Stein im grünen Gras.
Nun ducken wir uns hinter die Mauern
und wollen auf das Häschen lauern.
Häschen, Häschen, komm herbei
und bring uns Eier, 1-2-3.

Die Fingerspitzen der rechten Hand werden grün angemalt. Das Kind streckt die Hände aus und wir tippen mit den einzelnen grün bemalten Fingern auf die geöffneten Handflächen (das sind die verschiedenen »Verstecke«).
Nun stecken wir auf Zeigefinger und Daumen der linken Hand je ein gebasteltes Papp-Hasenohr. Mit den anderen drei Fingern der linken Hand halten wir kleine süße Ostereier fest. Wir lassen den »Hasen« heranhoppeln und die Ostereier in die geöffnete Hand des Kindes kullern.
Mit etwas Fantasie kann das Spiel auch ohne bemalte Finger funktionieren.

Zwölf Ostereier

Rätselreim

Zwölf Eier hat der Osterhase versteckt.
Drei hab ich im Tulpenbeet ent...   deckt.

Zwei lagen hinterm großen Stein,
in den Kaninchenstall legte er eins ...   hinein.

Das rote Ei mit lila Schleifen
lag direkt vor dem alten Auto...   reifen.

In der Sandkiste fand ich ein blaues Ei,
in der Schubkarre lagen dann noch ...   drei.

Und eins ganz oben im Vogelnest blitzt.
Wer hat das Ei denn wohl sti...   bitzt?

Nicht der Kater! Ich weiß, wer's war.
Ich hör den Räuber, schwarzweiß,
schnarr, schnarr!

(Elster)

Osterküken und Osterhase im Eiernest

Eine Bastelarbeit für die Jüngsten

Wir brauchen: Tonpapier in verschiedenen Farben, Schere, Bleistift, Klebstoff

Einen Kreis aus grünem Tonpapier ausschneiden und ringsherum einschneiden. Eier aus verschiedenfarbigem Tonpapier ausschneiden und in das Nest kleben. Die Form für den Osterhasen oder das Küken vormalen und ebenfalls ausschneiden. Die Füße im rechten Winkel falten und so auf das Nest kleben, dass die Tiere darin stehen können.
Diese Bastelei sollte auf keinen Fall nach Schablonenarbeit aussehen, denn der Reiz liegt gerade in der Unregelmäßigkeit der Figuren. Auch die Graseinschnitte am Rand des Kreises müssen nicht genormt sein.

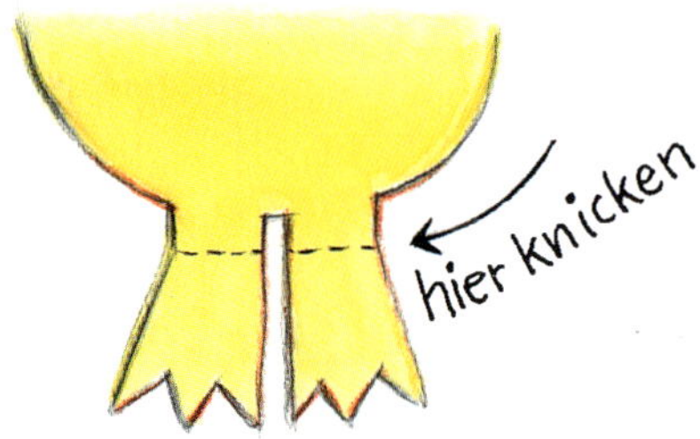

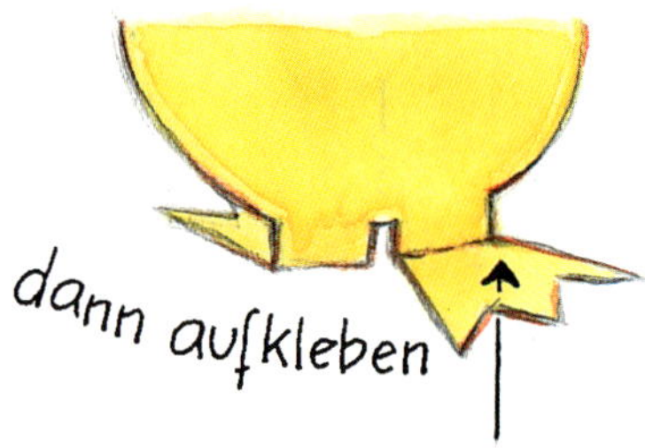

Idee: Christel Mehlig

Beim Ostereiersuchen

Fingerspiel für bemalte Finger

Die einzelnen bemalten Finger werden nacheinander – grün, blau, rot, gelb – hoch gestreckt.

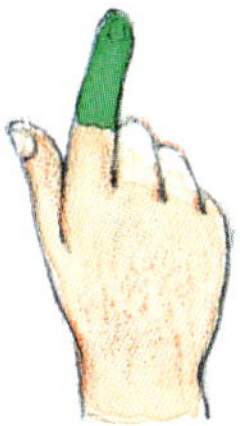

1-2-3,
wo ist das grüne Osterei?
Es war unter dem Tisch versteckt.
Nun hab ich es entdeckt!

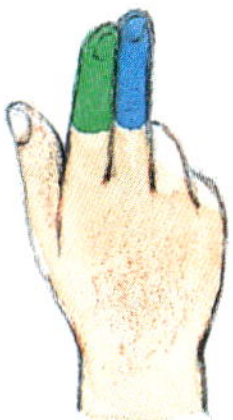

1-2-3,
wo ist das blaue Osterei?
Es war im Blumentopf versteckt.
Nun hab ich es entdeckt!

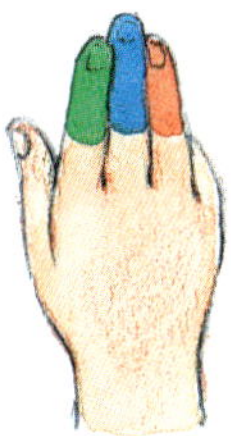

1-2-3,
wo ist das rote Osterei?
Es war hinter dem Schrank versteckt.
Nun hab ich es entdeckt!

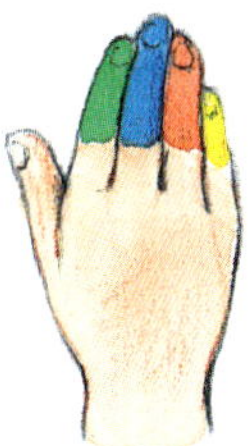

1-2-3,
wo ist das gelbe Osterei?
Es war im Puppenhaus versteckt.
Nun hab ich es entdeckt!

1-2-3,
wo ist das bunte Osterei?
Es ist in meiner Hand versteckt.
Mm – das schmeckt!

Am Schluss bekommt das Kind ein buntes Schoko-Osterei.

Die Hasen im Klee

Die Verse können auf die Melodie »Alle meine Entchen« gesungen werden

Kennt ihr wohl die Hasen
dort im grünen Klee,
dort im grünen Klee?
Recken ihre Nasen
lustig in die Höh.

Haben lange Ohren,
spitzen fein das Ohr,
spitzen fein das Ohr.
Vor dem Fuchs, dem roten,
seht euch alle vor!

Ihr könnt Haken schlagen,
schneller als der Wind,
schneller als der Wind.
Rechts und links, zurück und vor,
lauf, du Hasenkind!

Fingerspiel von der Raupe und dem Schmetterling

Mit bemalten Fingern oder Fingerpuppen zu spielen

Langsam, langsam übers Blatt
kriecht die Raupe, frisst sich satt.
Kann nur knabbern, beißen, fressen,
hat das Sonnenlicht vergessen.
Kneift die kleinen Augen zu:
»Ich will nichts als meine Ruh!«

Auf dem Zeigefinger der rechten Hand bewegt sich langsam die Raupe.

»Raupe, schau doch her zu mir,
sieh die bunten Flügel hier!
So schön wirst du auch mal sein.
Glaub mir doch und schlafe ein!«
Die Raupe spricht: »Das glaub ich nicht!
Fliegen hoch im Sonnenlicht,
wie soll das denn wohl geschehn?«

Auf dem Zeigefinger der linken Hand flattert fröhlich der bunte Schmetterling.

»Eines Tages wirst du's sehn!
Aus dem starren Puppenhaus
reckst und streckst du dich hinaus.
Glaub es doch! Du graues Ding
wirst ein schöner – Schmetterling!«

Dann strecken wir den rechten, dunkel angemalten Mittelfinger als Puppe hoch.

Wir verstecken die rechte Hand hinter dem Rücken und streifen rasch eine Schmetterlingspuppe über. Am Schluss flattern fröhlich zwei bunte Schmetterlinge vor den Augen des Kindes herum.

Es macht den Kindern Freude, wenn ihre eigenen, selbst gebastelten Schmetterlings-Fingerpuppen auf den Fingern herumflattern. Ansonsten können die Finger auch angemalt werden.

Zweite Haltestelle: Der Sommer

Im Sommer macht das Reisen Spaß,
die Fenster stehen offen.
Wir haben Lena, Till und Jan
am Badesee getroffen.
Halte doch ein Weilchen an,
gute alte Bimmelbahn,
es gibt viel zu sehen!

Wir fahren über Wellen hin
und das ist nicht gelogen.
Die Zauberbahn, die ist mit uns
auch übers Meer geflogen.
Seht ihr das Piratenschiff
mitten zwischen Fels und Riff?
Abenteuer locken!

Die Sonne macht das Wasser heiß,
die Frösche auch schon schwitzen.
Wir lutschen ganz viel Himbeereis,
nur noch die Schwalben flitzen.
Sonne segelt hoch im Blau
und ein Storch dort oben – schau!
So vieles wir entdecken!

Wir fahren auch ins Dinoland
zu neuem Abenteuer.
Die Dinos stampfen durch den Sand
als Riesenungeheuer.
Dino, Dino, Dino – platsch,
durch das Wasser, durch den Matsch,
viel gibt's zu entdecken!

Regenwetter – Sonnenschein

Fingerspiel

Die Schwalbenform zweimal auf Papier übertragen, ausschneiden und beidseitig anmalen. Die Körper bis auf die Flügel zusammenkleben und die Flügel auseinander biegen.

Idee: Holle Schauder

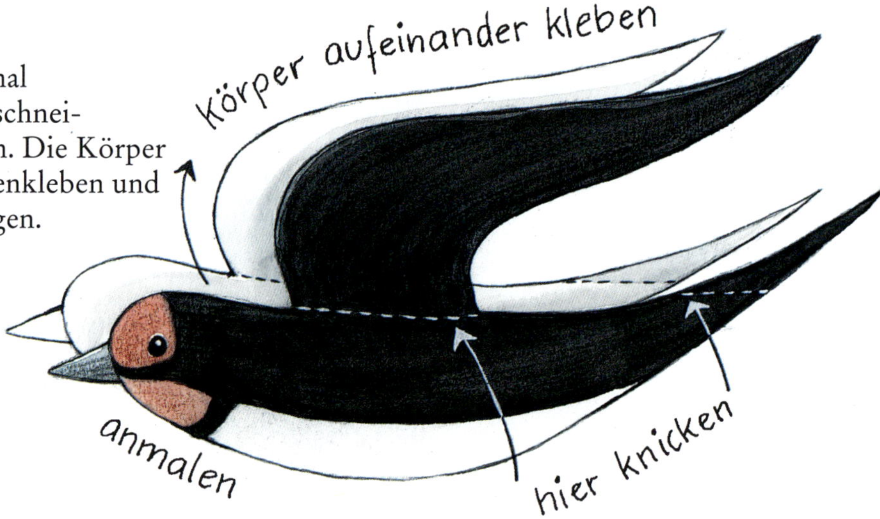

Heute ist der Himmel grau,
was flitzt da übern Teich – so schau!
Flach über dem Wasserspiegel
seh ich schnelle schwarze Flügel.
Schnabel auf und Schnabel zu,
Mücken fangen immerzu.
Tief und nah seh ich sie schweben:
Oh – bald wird es Regen geben!

Die Kinder lassen ihre selbst gebastelten Schwalben über dem Wasser (z. B. einer blauen Tischdecke) hin und her flitzen.

Heute ist der Himmel blau,
wenn ich hoch nach oben schau,
seh ich überm Scheunendach
unsren flinken Schwalben nach.
Weiße Federn seh ich blitzen,
wie sie hoch und höher flitzen.
Schnabel auf und Schnabel zu,
Mücken fangen immerzu.
Hoch und weit seh ich sie schweben.
Schönes Wetter wird es geben!

Die Kinder lassen ihre Schwalben hoch und höher fliegen. Wir erzählen den Kindern, dass bei schlechtem Wetter (Tiefdruckeinfluss) die Mücken tief über dem Wasser oder über der Erde tanzen. Bei gutem Wetter (Hochdruckeinfluss) tanzen die Mücken hoch über uns. Die Schwalben richten sich so nach den Flugweisen der Insekten.

Am Heckenrosenstrauch

Fingerspiel

So viele Blüten aufgeschlagen
in den warmen Junitagen.
In der Hecke hör ich's summen
und auch brimmeln, brammeln, brummeln.
So viele Blüten an den Zweigen,
die die schönen Blätter zeigen.
Das ist ein Gedränge,
ein Schubsen und Gezwänge,
Bienen, Hummeln jede Menge.
Kannst du's hören,
wie sie sich beschweren?
»Du, ich war als Erste hier!«
»Du, hau ab, das sag ich dir!«
»Weg mit deinem dicken Pelz,
hockst fett da, fast wie ein Fels!«
»Du mit gelben Flügelspitzen,
kannst du nicht woanders sitzen?«
»Zieh du deinen Rüssel raus
und flieg fort zum Bienenhaus!«
Doch am Abend ist's dann leise.
Heimwärts von der Honigreise
fliegt und flattert es zur Nacht.
Das Blütenhaus wird zugemacht.
Alle schlafen ein.

Die geöffnete linke Hand ist die Heckenrosenblüte. Die Finger können dazu auch angemalt werden. Die Blüte wird von den Fingern der anderen Hand besucht.

Am Schluss schließt sich die Hand, die Heckenrose »schläft« ein, Bienen und Hummeln fliegen in hohem Bogen fort.
Wir erzählen den Kindern, dass Bienen, Hummeln, Schmetterlinge und andere Insekten Nektar in den süßen Blüten finden. Im Bienenhaus entsteht dann daraus in den Waben der Honig.

Wenn die Fische tanzen

Fingerspiel für bemalte Finger oder Fingerpuppen, das auch auf die Melodie »Brüderlein, komm tanz mit mir« gesungen werden kann

Fischlein, Fischlein aus dem Meer,
schwimm doch schnell mal zu mir her.
Einmal hin, einmal her,
rundherum, das ist nicht schwer!

Fischlein, ihr seid wunderschön,
lasst die bunten Schuppen sehn.
Einmal hin, einmal her,
rundherum, das ist nicht schwer!

Schlagt nun mit dem Silberschwanz,
zeigt den fixen Flossentanz.
Einmal hin, einmal her,
rundherum, das ist nicht schwer!

Schönster Fisch, ich zieh dich raus
und ich nehm dich mit nach Haus.
Einmal hin, einmal her,
rundherum, das ist nicht schwer!

Nein, wirf mich ins Wasser rein,
kann nicht ohne Wasser sein.
Einmal hin, einmal her,
rundherum, das ist nicht schwer!

Schön war dieser Tag am Meer
und wir kommen wieder her.
Einmal hin, einmal her,
rundherum, das ist nicht schwer!

Wir malen auf die Finger der Kinder bunte Fische mit Schuppen oder wir streifen Fingerpuppen über. Nun können die Fischlein lustig herumtanzen.

Fingerspiel vom Pustewind

Mit zwei Fingerpuppen oder bemalten Fingern zu spielen

Zwei Schiffe segeln hin und her
auf dem weiten, weiten Meer.
Die Segel vom ersten Boot sind rot
und blau die Segel vom zweiten Boot.
Die Wellen schaukeln sie ganz sacht,
doch – wer hätte das gedacht?
Der Wind, der freche Gesell,
der pustet, der stürmt so schnell.
Hui, schon ist es geschehn!
Das rote Schiff ist nicht mehr zu sehn.
Und auch die blauen Segel sind weg,
das ganze Schiff von Bug bis Heck.
Nun bläst der Wind von Süden her,
schon tanzen die Schiffe wieder auf dem Meer.
Hui – hui – ahoi – ahoi!

Rote und blaue Segel aus Tonpapier ausschneiden, eventuell mit Filzstiften bemalen und jeweils auf einen Fingerring aus Pappe oder Filz kleben. Die Segel werden auf die Zeigefinger der linken und rechten Hand gesetzt. Die Zeigefinger können aber auch einfach rot und blau angemalt werden. Zunächst tanzen die Segel auf den »Wellen« auf und ab. Auf die Handrücken kann man hierfür blaue »Wellen« malen. Dazu können die Kinder kräftig pusten. Nach einer Weile kippen die Schiffe um, d. h., die Zeigefinger werden in die Handinnenfläche geklappt. Dann lassen wir den »Wind« von einer anderen Seite her wehen und die Segelschiffe richten sich wieder auf.

Wenn Kasperl auf große Reise geht

Fingerspiel für die Kasperlepuppe, die Verse können auch auf das Lied »Ein Vogel wollte Hochzeit machen« gesungen werden

Ihr könnt den Kasperl tanzen sehn,
er will auf große Reise gehn. (Fidiralala, ...)

Die Kasperle-Fingerpuppe tanzt auf dem rechten Zeigefinger fröhlich hin und her.

Er schwenkt den Rucksack und den Hut,
zur großen Reise braucht er Mut.

Zuerst fährt er ans weite Meer,
da tanzen Schiffe hin und her.

Dann setzt sich Kasperl auf die linke ausgestreckte Hand, die zunächst das Schiff darstellt, das hin und her schwankt.

Kasperl ruft: »Hier will ich bleiben!«,
und lässt sich auf den Wellen treiben.

»Ich werfe meine Angel aus
und bring den fetten Aal nach Haus.«

Dann will Kasperl an den Strand
und springt mit hohem Satz an Land.

Kasperl springt in hohem Bogen von der linken Hand weg.

Kasperl zieht es weiter fort,
er reist an einen andren Ort.

Da kommt ein Auto angebraust,
ist mit Kasperl fortgesaust.

Die linke Hand kommt nun als »Auto« angebraust, das Kasperl hoch auf die Berge trägt und am Schluss mit ihm wieder nach Hause fährt.

»Hurra!«, schreit Kasperl. »Das wird toll.
Was ich noch alles sehen soll!

Zehn Kühe, Hasen und ein Schwein
und einen Koffer voll Sonnenschein.«

Kasperl will hoch auf die Berge,
er sieht die Menschen, klein wie Zwerge.

Ganz klein ist auch das Kasperlhaus,
da guckt aus dem Fenster die Gretel raus.

Kasperl ruft: »Ich will nach Haus,
für heut ist die große Reise aus.«

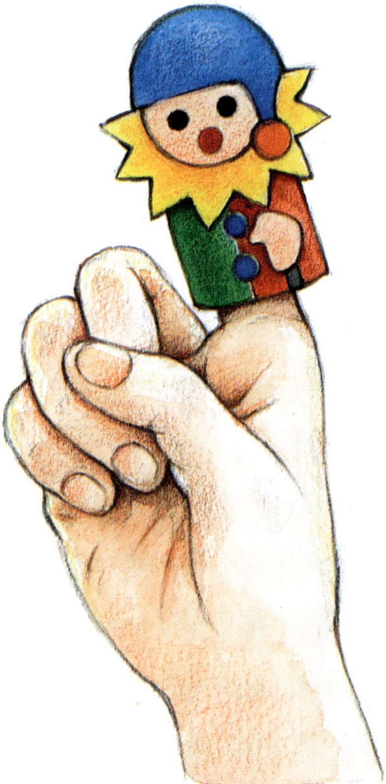

Flaschenpost

Reimspiel. Ein Zettel mit diesem Reim in eine Flasche gesteckt ist auch eine tolle Einladung für ein Piratenfest

Auf dem weiten blauen Meer
tanzt ein Schifflein hin und ... her.

Das sind die wilden Seepiraten,
hört von ihren großen ... Taten.

Schau mal, der Piratenhut
steht den wilden Männern ... gut.

Nun das Steuerrad gedreht.
Wenn der Wind aus Westen ... weht,

kommt die Schatzinsel in Sicht
in dem letzten Sonnen... licht.

Werft den Anker! Schwimmt an Land!
Nah ist der Korallen... sand.

Kokosmilch wolln wir dort trinken,
in der Höhle Schätze ... winken.

Schnell ein Feuer angemacht,
feiern wir die ganze ... Nacht.

Gold und Silber wird es geben,
das ist ein Piraten... leben!

Ahoi – ahoi! Euch kann's nicht schaden,
ihr seid alle einge... laden

zur Kuchenschlacht auf wildem Meer.
Kommt zur Piratenparty ... her!

(Am Sonntag, den .... um .... Uhr)
bei Kapitän Hein
mit dem Holz... bein.

Die große Piratenfahrt

Ein Fingerspiel, das auch mit Fingerpuppen oder bemalten Fingern gespielt werden kann

Wir sind die wilden Meerpiraten, wir sinnen stets auf neue Taten. Wir fürchten weder Sturm noch Meer, wir mögen Salzfleisch, Rum und Teer.	Rechte Hand:
Der mit dem Holzbein, der heißt Hein, der soll hier unser Steuermann sein.	Der Daumen bewegt sich.
Der Lange ist der Kapitän, das könnt ihr an dem Hut gleich sehn.	Der Zeigefinger bewegt sich.
Der Dicke hier, der kann gut kochen den Kabeljau, den Hai und Rochen.	Es agiert der Mittelfinger.
Der Vierte spannt die Segel fest und klettert hoch ins Krähennest.	Der Ringfinger »klettert empor«.
Der Kleinste, nein, den vergessen wir nicht. Der hat gute Augen, schreit: »Land in Sicht!	Der kleine Finger bewegt sich.
An Backbord Palmen, Felsen und Riff!« Da segelt los das Piratenschiff. Wir graben Gold und Silber aus und fahren nie wieder nach Haus. Und wollt ihr wilde Piraten sein, dann steigt in unser Schiff gleich ein! Hipp – hipp – hurra!	Die »Schatzinsel« kann von der linken Hand geführt werden.

Wir können entsprechende Piraten-Fingerpuppen basteln oder auch die Finger selbst anmalen. Es geht aber auch ohne Verkleidung. Für die »Schatzinsel« schneiden wir Palmen aus Tonpapier aus und kleben sie auf Fingerringe aus Filz oder Pappe. Die Palmen setzen wir uns auf Zeige- und Mittelfinger der linken Hand.
Den kleineren Kindern erklären wir zudem, dass das »Krähennest« der Ausguck oben am Mast ist.

Bunte Sommerwiese als Collagenbild

Wir brauchen: Papier (DIN A4 oder größer), buntes Vivellepapier, Bonbonpapier, rote Kerzen, Bleistift, Schere, Klebstoff, schwarze Filzstifte

Diese bunte Sommerwiese kann jedes Kind alleine herstellen. Es können aber auch viele Kinder gemeinsam daran arbeiten. Dann kann am Schluss ein großes Collagenbild den Gruppenraum schmücken. Die einzelnen Blütenteile, Stängel, Blätter und Gras werden aus buntem Vivellepapier zugeschnitten und auf das Papier geklebt. Dann gestalten wir aus dem gleichen Material Wolken, Sonne und die Schmetterlinge, die Flügel aus gefaltetem Bonbonpapier erhalten.

Am Schluss tropfen wir vorsichtig rotes Kerzenwachs für die Marienkäfer auf das Papier und malen den Käfern Fühler und Beine.

Idee: Sieglinde Bock, Christa Ebert

Auf zur großen Sommerreise

Fingerspiel

Könnt ihr meine fünf Finger sehn?
Die wolln auf große Reise gehn.

Alle Finger zappeln lassen.

Der Daumen fliegt zum Südpol geschwind,
will spielen mit dem Pinguinkind.

Den Daumen in hohem Bogen über den Tisch führen.

Der Zeigefinger will auf die Berge steigen,
vielleicht wird ein Bärenkind sich zeigen.

Den Zeigefinger langsam hoch führen.

Der Mittelfinger will schwimmen gehn,
will Sand und Wellen und Muscheln sehn.

Der Mittelfinger bewegt sich vorwärts wie in »Schwimmbewegungen«.

Der Ringfinger will nach Afrika,
bestimmt sind Affen und Löwen da.

Der Ringfinger »springt« in hohen Sprüngen vorwärts.

Doch der Kleinste sagt: »Ich bleib zu Haus,
ich kenn mich hier am besten aus.
Ich lass den Teddy nicht allein,
den Dino, Hund und auch das Schwein.
Die würden mich doch sehr vermissen.
Ich schlaf auf dem weichen Sternenkissen.
Und Peterle, mein schwarzer Kater,
der macht allein bestimmt Theater.

Der kleine Finger zappelt herum, dann streichelt er nacheinander die fünf Finger der anderen Hand: den Teddy, Dino, Hund, das Schwein und den Kater.

Ich denk mir viele Spiele aus,
ich bau im Birnbaum mir ein Haus.
Dann lade ich mir Gäste ein.
Ferien zu Haus, ganz toll muss das sein!«

Am Schluss tanzt der kleine Finger ganz übermütig hoch über unseren Köpfen herum.

Bunter Fisch

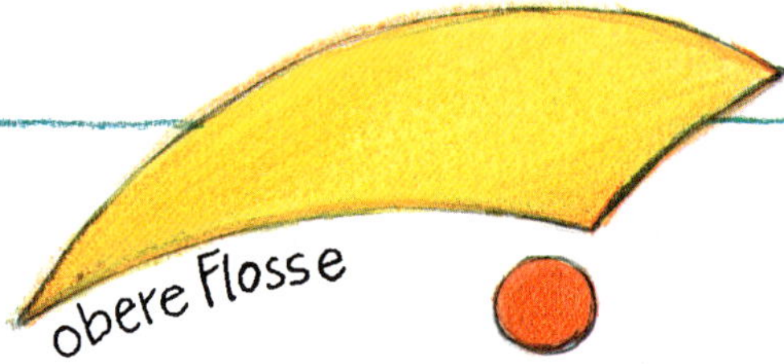

Wir brauchen: hellblaues Tonpapier, verschiedenfarbiges Buntpapier, Schere, Klebstoff, Bleistift

Wir malen die Fischform auf das blaue Tonpapier. Dann schneiden wir aus dem Buntpapier viele kleine Kreise aus und kleben sie schuppenartig aufeinander in die Fischform. Zum Schluss kleben wir die Flossen, den Schwanz und den Kopf des Fisches auf und malen ein Auge auf den Kopf.

Eine kleine Wasserreise

Fingerspiel

Alle Finger, leise, leise,
machen eine Wasserreise.

Fünf oder auch alle zehn Finger zappeln lassen.

Wellen wogen auf und ab.
Nun tauchen wir ganz tief hinab.

Mit der ganzen Hand Wellenbewegungen machen, dann nach unten strecken.

Wer frisst sich an den Pflanzen satt?
Das ist ein Butt, der ist ganz platt.

Daumen bewegen.

Der Hering zappelt hin und her,
ein ganzer Schwarm im weiten Meer.

Zeigefinger zappelt schnell hin und her.

Den Krebs kann ich dort unten sehn,
der kann geschwind auch seitwärts gehn.

Mittelfinger bewegt sich nach beiden Seiten hin und her.

Was schlängelt sich da, lang und schmal?
Da ringelt sich ein flinker Aal.

Ringfinger schlängelt sich schnell vorwärts.

Der kleinste Finger dreht seine Runden.
Schaut her, was hat er da gefunden?

Mit dem kleinen Finger Kreise beschreiben.

Eine Muschel, die halt ich an dein Ohr,
da rauscht sie ihr Muschellied dir vor.

Wir »zaubern« eine Muschel hervor und halten sie an das Ohr des Kindes.

Die Riesentonne

Rätselreim

Zwei Hörner oben – und vorn
noch ein ... Horn.

Schwer wie eine Tonne,
am Kopf ein Riesenschild.
Mensch – das ist ein ... Bild!

So stampft es los,
riesen... groß.

Spuckt es wohl Feuer,
das Riesenun... geheuer?

Nein, es ist zahm
wie ein ... Lamm.

Es wird dich nicht fressen,
es ist ganz ver... sessen

auf – ja, auf was?
Auf Blätter und auf ... Gras.

Was ist das?

(Pflanzenfressender
Dinosaurier,
z. B. ein Triceratops)

Klammer-Dino

Wir brauchen: eine Wäscheklammer, grünes Tonpapier, Bleistift, Filzstifte, Schere, Klebstoff

Wir zeichnen einen Dinosaurier (er sollte nicht viel größer sein als die Wäscheklammer) auf das grüne Tonpapier, schneiden ihn aus und malen ihm Augen ins Gesicht, Schuppen auf den Körper usw. Dann kleben wir ihn auf die Klammer. Den Dino können wir nun überall befestigen – eine tolle Dekoration fürs Kinderzimmer.

Dritte Haltestelle: Der Herbst

Im Herbst, da fährt die Bimmelbahn
vorbei an kahlen Zweigen.
Der Herbstwind braust durch die Bäume,
lässt bunte Drachen steigen.
Bimmelbahn, halt doch mal an,
damit man Eicheln suchen kann,
Blätter und Kastanien.

Kartoffelfeuer leuchten weit,
die süßen Trauben reifen.
Der Igel kriecht ins Winterhaus,
auch der Dachs mit seinen weißen Streifen.
Liebe alte Bimmelbahn,
wir zünden die Laternen an,
seht, wie hell sie leuchten!

Wir fahren ins Indianerland,
wolln auf den Mustangs reiten.
Los geht's zur großen Büffeljagd
wie in den alten Zeiten.
Malt euch wie Indianer an,
keiner euch erkennen kann.
Hei – die Pfeile schwirren.

Wir fahren ins Gespensterland
mit Heulen und mit Brausen,
wo auf dem Schlosse Schreckenstein
Gespenster heut noch hausen.
Hulla – hulla – hullahei,
kommt zum Geistertanz herbei!
Es klappern die Gebeine.

Im Herbst

Fingerspiel mit Fingerpuppen oder bemalten Fingern

Der Zeigefinger der rechten Hand kann, rot angemalt, der Apfel sein, Mittel-, Ringfinger und kleiner Finger können als blaue Trauben bemalt werden. Die Krähe sitzt auf dem Zeigefinger der linken Hand. Entweder verwenden wir hier eine Fingerpuppe oder malen den Finger schwarz an.

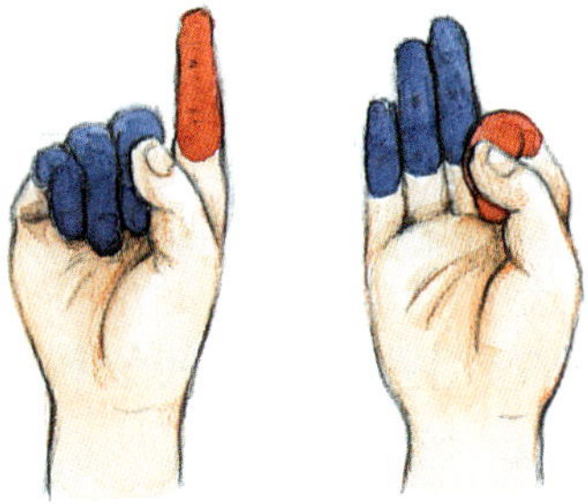

Da hängt ein roter Apfel
ganz hoch im Apfelbaum.
Der träumt im goldenen Sonnenschein
den schönen Apfeltraum.

Der rote Zeigefinger ist zu sehen.

Da hängen viele Trauben
am Weinstock, komm und schau.
Die Sonne hat sie reif gemacht,
sie sind ganz süß und blau.

Die blauen Finger sind zu sehen.

Schon hat die Krähe sie entdeckt,
da haben sie sich schnell versteckt.
Ganz tief ins Blätterdach hinein.
Hört ihr die Krähe zornig schrein?

Der schwarze Finger erscheint, die rechte Hand wird zur Faust geschlossen.

»Ich krieg euch schon,
ich schnapp euch noch,
ich hack hinein ein großes Loch!«

Das soll der Krähe doch nicht glücken.
Schnell, wir wolln die Früchte pflücken.
Da hast du sie!
Ätsch, alte Krähe!

Am Schluss legen wir dem Kind echte Früchte in die Hand.

Eine Drachengeschichte

Spiel mit bemalten Händen

Hui – da steigt der rote Drachen!
Schau – sein Mund kann lustig lachen.
Wie die bunten Schleifen flattern
und im frischen Winde knattern,
feuerrot der lange Schwanz,
leuchtet weit beim Drachentanz.
Doch er trudelt – weh – o Schreck!
Nun ist unser Drachen weg.
Schade!

Hui – da steigt der blaue Drachen!
Schau – sein Mund kann lustig lachen.
Er steigt hoch über das Haus,
über Dächer weit hinaus,
über Wiesen, Bäche, Wälder,
über Straßen, über Felder,
bis hinaus aufs blaue Meer.
Da bläst ein wilder Sturm daher,
reißt ihm alle Schleifen ab.
Rumms – da stürzt auch er hinab,
und er trudelt – weh – o Schreck!
Nun ist unser Drachen weg.
Schade!

Doch auf einmal – o wie schön –
kannst du beide wieder sehn.
Blase, blase, lieber Wind,
treib die Drachen ganz geschwind.
Hui – hui – hui!

Die Innenfläche der rechten Hand ist rot, die Innenfläche der linken Hand blau angemalt. Wir zaubern die Drachen weg, indem wir die Hände zur Faust ballen, bis sie zum Schluss wieder auftauchen.
Zusammen mit dem Kind pusten wir dann den Wind herbei.

Wir lassen unsere Drachen flattern

Wir brauchen: buntes Papier, 1 bis 2 Meter Schnur, Schere, oder: weißes Papier, Wachsmalstifte, schwarze Deckfarbe, spitze Feder

Wir basteln viele kleine bunte Papierdrachen und lassen sie lustig an einer Schnur quer durch den Raum flattern.

Das Drachenmotiv eignet sich auch sehr gut für Kratzbilder. Ein Zeichenpapier wird großflächig mit Wachsmalstiften bunt angemalt und dann mit schwarzer Farbe überstrichen. Ist die Farbe getrocknet, können mit einer spitzen Feder Drachenformen mit lustigen Gesichtern ausgekratzt werden.

Kuno, der Gespensterboss

Reimspiel

Im alten Schloss, im alten Schloss
wohnt Kuno, der Gespenster... boss.

Er spukt noch heut bei Mitternacht,
dass jedermann im Schloss er... wacht.

Hat immer Schabernack bereit,
was treibt er wohl da oben ... heut?

Er zieht die Fledermaus am Schwanz,
er gibt den Takt beim Mäuse... tanz.

Er schlägt dem Ritter ans Visier
und öffnet knarrend jede ... Tür.

Er kitzelt Max, den schwarzen Kater,
macht in der Halle laut ... Theater.

Er schwenkt sein Hemd beim Geistertanz
und ärgert frech den Ritter ... Franz.

Tief unten bei den Kellerratten
tanzt an der Wand sein dunkler ... Schatten.

Sogar die Eule schreit: »O Graus,
wann ist das Spuken endlich ... aus!«

So horch, vom Turme eins es schlägt,
der Kuno sich nicht mehr be... wegt.

Eigentlich schade ...

Es leuchten die Laternen

Die Verse können auf die Melodie »Ich geh mit meiner Laterne« gesungen werden

Es leuchten die Laternen
mit ihrem hellen Schein.
Sankt Martin hoch zu Pferde,
wir wandern hintendrein.

Kehrreim:
Ein Mond, ein Hahn,
die Sonne, ein Schwan,
am Schluss ein heller Stern.

Ein Stern und bunte Monde,
die Straßen auf und ab.
Sankt Martin lehrt uns teilen,
der einst den Mantel gab.

Es tanzen hell die Lichter,
nun wandern wir nach Haus.
Die Lieder klingen ferner,
ich lösch mein Licht leis aus.

Nach jeder Strophe folgt der Kehrreim.

Laterne

Für einen Gespenstertag oder für ein Spiel zu Sankt Martin

Wir brauchen: Luftballons, Speiseöl, Tapetenkleister, Zeitungs- oder Seiden-papier, Deckfarben, scharfes Schneidemesser, Blumendraht

Mit Tapetenkleister bekleben wir einen aufgeblasenen Luftballon, den wir erst mit Speiseöl eingepinselt haben, mit mehreren Lagen Zeitungs- oder Seidenpapier. Nach den ersten Schichten Papier legen wir einen Ring aus dünnem Blumendraht herum und kleben ihn fest. Später kann der Draht zum Aufhängen daran befestigt werden. Nun lassen wir den Ballon trocknen.

Dann schneiden wir an der Oberseite eine runde Öffnung hinein (etwa 15-20 cm Durchmesser), jedenfalls so groß, dass eine schmale Taschenlampe oder ein Teelicht hineingestellt und wieder herausgeholt werden kann, und ziehen den Luftballon heraus. Danach malen wir ein Gespenstergesicht auf oder für die Martinslaterne Sonne, Mond und Sterne.

Das Gespenstergesicht, die Sonnenstrahlen und die Sterne können auch mit einem scharfen Messer ausgeschnitten werden. Hier sollte aber ein Erwachsener helfen.

Wenn wir die angeknipste Taschenlampe oder das angezündete Teelicht in die selbst gebastelte Laterne stellen, ergibt das eine fast magische Wirkung.

Die Geschichte vom müden Mond

Fingerspiel für Fingerpuppen, das auch auf die Melodie »Alle meine Entchen« gesungen werden kann

Oh – ich bin so müde,
sprach der gelbe Mond,
sprach der gelbe Mond,
der so hoch am Himmel
jede Nacht dort thront.

Oh – ich bin so müde,
wann hab ich mal Ruh,
wann hab ich mal Ruh?
Wer macht mir mein Bettchen,
wer bringt mich zur Ruh?

Kommt ihr vielen Sterne,
seid doch mal so nett,
seid doch mal so nett,
ach, ich hätt so gerne
ein weiches Sternenbett.

Nein, wir müssen leuchten
weit vom Himmel her,
weit vom Himmel her,
zeigen Weg und Richtung
den Schiffen auf dem Meer.

Komm doch, liebe Sonne,
sei doch mal so nett,
sei doch mal so nett,
ach, ich hätt so gerne
ein weiches Sonnenbett.

Nein, sprach da die Sonne,
das kann nicht geschehn,
das kann nicht geschehn.
Viele andre Kinder
solln heut Nacht mich sehn.

Wolken, liebe Wolken,
seid doch mal so nett,
seid doch mal so nett,
ach, ich hätt so gerne
ein weiches Wolkenbett.

Und die Wattewolken
ziehen her zugleich,
ziehen her zugleich,
polstern ihm ein Bettchen
hübsch und schmuseweich.

Fragt ihr heute Abend:
»Mond, wo bist denn du,
Mond, wo bist denn du?«
Er schläft im Wolkenbette
und schnarcht in sanfter Ruh.

Schnarch, schnarch, schnarch.

Die Fingerpuppen für Sonne, Mond, Sterne und Wolken können aus Tonpapier oder Filz gestaltet und dann an Fingerringe aus Papier oder Filz geklebt werden. Die Mond-Fingerpuppe kann dabei auf dem Zeigefinger der rechten Hand agieren. Sonne und Sterne agieren auf Zeige- und Mittelfinger der linken Hand. Sonne und Sterne werden bei den letzten Strophen durch die Wolken-Fingerpuppen ersetzt. Der Mond legt sich zum Schluss ins »Wolkenbett« der linken Hand, die eine Höhlung bildet.

So viel Regen!

Fingerspiel

Der Daumen sagt: »So viele Regentropfen,
die an mein Häuschen klopfen.«

Der Zeigefinger sagt: »Alles, alles Gras
ist heute pitschepatschenass.«

Der Mittelfinger sagt: »So viel Regen,
ich mag mich gar nicht bewegen.«

Der Ringfinger sagt: »Pitsche-patsch –
auf der Straße ist nur Matsch.«

Der Kleinste ruft: »Toll, da lauf ich raus
und komm erst abends wieder nach Haus!«

Wir lassen es mit den Händen »regnen«, d. h., wir lassen alle zehn Finger als »Regentropfen« langsam herunterzappeln. Dann werden textgemäß die einzelnen Finger hoch gestreckt. Der kleine Finger tanzt am Schluss fröhlich herum.

Stachelig
Rätsel

Seht ihr den braunen Blätterhügel?
Darunter sitzt ein grüner Igel.
Igel, wir öffnen schnell dein Haus,
da purzelt ein braunes Kerlchen heraus.
Was ist das?

(Kastanie)

Der graue Riese
Rätsel

Er hat ein riesengroßes Maul
und frisst und frisst –
er ist nicht faul.
Die Autos und die hohe Laterne,
die Häuserdächer und Mond und Sterne
und immer näher kommt er heran.
Er frisst den Hund und den alten Mann,
die Katze, die am Zaun entlangschleicht.
Und bald hat er auch dich erreicht.
Lauf lieber ins Haus, wo du sicher bist.
Was meinst du, ob er dich auch noch frisst?
Was ist das?

(Nebel)

Kleine Zwerge in der Schachtel

Wir brauchen: Streichholzschachteln, weißes Papier, Klebstoff, Buntstifte oder Filzstifte, oder: Wattekugel, Pfeifenputzer, Stoff- und Filzreste, Watte, Klebstoff, Filzstifte

Wir bekleben die Außenseite der Streichholzschachtel mit Papier und malen den mittleren Körperteil des Zwerges darauf, also sein Hemd, Gürtel o. ä. Dann schieben wir das Innenteil (Schublade) bis etwa zur Hälfte nach oben aus der Schachtel, dabei muss der Boden der Schublade nach oben zeigen. Hier malen wir den Kopf und die Zipfelmütze des Zwerges auf. Nun schieben wir die Schublade bis zur Hälfte nach unten aus der Schachtel und malen dort die Beine mit den Zwergenschuhen. Wenn das Kind das Innenteil der Schachtel hin- und herschiebt, kann der Zwerg seinen Kopf herausstrecken oder die Beine baumeln lassen.

Wir können dem Zwerg auch ein weiches Bettchen in der Schachtel bereiten. Dazu malen wir auf eine Wattekugel den Zwergenkopf, kleben aus Filz eine Zipfelmütze auf, stecken Pfeifenputzer in die Wattekugel und befestigen die Arme, ebenfalls Pfeifenputzer, daran. Das Hemdchen schneiden wir aus Filzresten. Das Bett bereiten wir aus Watte und legen ein Stück Stoff als Bettdecke darüber. Nun kann der kleine Zwerg in seinem Bettchen verschwinden.

Idee: Ulrike Boels

Die Störche gehen auf die große Reise

Fingerspiel

Da könnt ihr den Storchenvater sehn,
hoch aufgereckt im Neste stehn.

Die Storchenkinder, klipper – klapp,
die strecken die Hälse auf und ab.

»Hört her, ihr Kinder, nun seid ihr groß
und heute geht die Reise los!«

»O fein«, ruft jedes Storchenkind,
»ich kann schon fliegen, ganz geschwind!

Wir fliegen über Meer und Sand
bis hin zum warmen weichen Strand.

Da finden wir Mäuse und Frösche genug,
das wird bestimmt ein toller Flug!«

»Schüttelt die Federn und guckt nicht zurück.«
Hui – fort sind sie. Wir wünschen viel Glück!

Der linke hochgestreckte Zeigefinger ist der Storchenvater. Er schaut zu den drei Storchenkindern – Daumen, Zeigefinger, Mittelfinger der rechten Hand – hinüber. Die Storchenkinder bewegen sich auf und nieder, hin und her. Am Schluss fliegen der Storchenvater und die drei Storchenkinder in hohem Bogen über die Köpfe der Kinder hinweg.

Wenn der Wind die Äpfel schüttelt

Fingerspiel

Da hängen fünf Äpfel am Apfelbaum
und träumen ihren Apfeltraum.

Die Finger der rechten Hand ruhen gekrümmt in der Handinnenfläche.

Lieber Wind, nun aufgepasst,
reiß die Äpfel los vom Ast.

Alle Kinder blasen die Backen auf und pusten.

Kommt, wir laufen in den Garten,
blase Wind, wir stehn und warten.

Schau, der Korb steht schon bereit,
lieber Wind, nun wird es Zeit.

Die linke Hand ist zum Korb gewölbt.

Der erste Apfel fällt vom Ast,
o weh, ich hab nicht aufgepasst.

Textgemäß führen wir die einzelnen Finger (Daumen bis Ringfinger) der rechten Hand am Korb, der gewölbten Innenfläche der linken Hand, vorbei.

Der zweite kullert – 1-2-3,
genau an meinem Korb vorbei.

Der dritte ist in hohem Bogen
an meinem Kopf vorbeigeflogen.

Der vierte rollt hinter den Stein,
der fünfte fällt in den Korb hinein.
Hurra!

Am Schluss fällt der rechte kleine Finger in den Korb hinein.

Vierte Haltestelle: Der Winter

Im Winter fährt die Bimmelbahn
vorbei an weißen Feldern.
Von fern die Krähen hungrig schrein,
aus tiefverschneiten Wäldern.
Liebe alte Bimmelbahn,
wir zünden bald die Kerzen an,
schau, vor deinen Fenstern.

Den guten alten Nikolaus,
den hören wir schon klagen.
»Nun muss ich jedes Jahr noch mehr
so schwere Säcke tragen!«
Liebe gute Bimmelbahn,
halt doch für den Nikolaus an.
Lass ihn auch mitfahren.

Wir feiern in der Faschingszeit,
ich will als Cowboy gehn.
Ihr könnt Piraten, Katze, Maus,
auch wilde Räuber sehn.
Clowns jonglieren mit dem Ball.
Toll ist es im Karneval.
Tanzt doch mit im Kreise.

Wir fahren mit der Bimmelbahn
durchs Jahr und immer wieder.
Kommt mit, bei uns gibt's Spiel und Spaß,
Geschichten, Bilder, Lieder.
Du und ich, wir steigen ein,
lasst uns alle fröhlich sein,
heut und immer wieder!

Fingerspiel von den Schneeflocken

Ich muss heut ganz lang am Fenster stehn und die vielen, vielen Flocken sehn! So viel kleine weiße Sterne rieseln, fallen ganz von ferne.	Mit den Fingern die Flocken rieseln lassen, dabei zappeln die Finger hin und her.
Frau Holle, die schüttelt die Betten aus, und die Flocken fallen auf Zaun und Haus,	Typische Armbewegungen fürs Bettenausschütteln.
als zarter weißer glitzernder Flaum im Garten auf unseren Tannenbaum. Die ersten Flocken zart und schön, die wollen wir ganz genau besehn.	Die Form eines Tannenbaums mit den Fingern in die Luft zeichnen.
Die erste fliegt auf das Vogelhaus,	Mit den Händen das Dach vom Vogelhaus formen.
die zweite guckt aus der Dachrinne raus.	Hände gewölbt übereinander zur Dachrinne formen.
Die dritte schwebt auf den Amselschwanz, die vierte, die hört nicht auf mit dem Tanz.	Vogel formen: Linke Hand zur Faust schließen, Zeigefinger gekrümmt hervorstrecken (das ist der Schnabel), kleinen Finger als Schwanz abspreizen, Schneeflocken mit der rechten Hand auf den Vogelschwanz rieseln lassen.
Die fünfte, die fliegt genau auf die Scheiben, da soll sie ganz, ganz lange bleiben. Nun seh ich den allerschönsten Stern, ach, tau nicht weg, ich mag dich so gern. Jetzt ist er verschwunden – 1-2-3. Holt Schere, Papier und Klebstoff herbei. Wir basteln, das mögen wir gerne, bis Weihnachten noch ganz viele Sterne!	Rechteckige Form der Scheiben in die Luft zeichnen.

Das Winterlied vom Schneemann

Die Verse können auf die Melodie »Ein Männlein steht im Walde« gesungen werden

Wer wartet an der Ecke vor unsrem Haus?
Der sieht ja wie ein weißer Riese aus.
Auf dem Bauche Knopf an Knopf,
oben Mutters Suppentopf.
Schneemann Wum, du sollst noch lange
am Zaun dort stehn.

Wer wartet an der Ecke vor unsrem Haus?
Der sieht ja wie ein dicker Eisbär aus.
Hat vier Pfoten weiß und schwer,
trabte wohl von Grönland her?
Eisbär Bum, du sollst noch lange
am Zaun dort stehn.

Wer wartet an der Ecke vor unsrem Haus?
Der sieht ja wie ein weißer Dino aus.
Stachelrücken, Stachelschwanz,
mach doch mit beim Dinotanz.
Dino Dim, du sollst noch lange
am Zaun dort stehn.

Heute früh steht niemand an unsrem Zaun.
Da ist kein Bär, kein Dino mehr anzuschaun.
Sonne stieg so warm herauf,
schluckte Mann und Tiere auf.
Doch ich hab sie alle hier
auf dem Papier.

Zu diesem Lied können wir auf große dunkle Bögen die Schneefiguren mit Malkreide oder Fingerfarben aufmalen. Zunächst wird der Zaun aus weißem Papier ausgeschnitten und aufgeklebt, dann werden der Schneemann und die Tiere aufgemalt. Wenn draußen der Schnee schmilzt und von Zäunen und Dächern verschwindet, können sich die Kinder noch immer an ihren Bildern freuen.

Wenn der Bär sich eine Höhle sucht

Fingerspiel

Draußen weht der Wind so kalt
in dem weiten Winterwald.

Wir ahmen das Pusten des Windes nach.

Seht die vielen weißen Flocken,
wie sie aufeinander hocken.

Beide Hände senken sich mit wirbelnden Fingern langsam herunter.

Brumm, brumm, tappt her der Bär
auf vier Pfoten breit und schwer.

Vier Finger der rechten Hand tappen herum.

Er will sich eine Höhle suchen
bei den Tannen, bei den Buchen.

Die Finger wandern suchend um die hochgereckte linke Hand herum.

Eine Höhle, o wie schön,
kann er schon von weitem sehn.

Linke Hand wird zur Höhle geformt.

Bärchen, Bärchen, schlüpf hinein,
Eis und Schnee solln draußen sein.

Rechte Hand schlüpft in die linke Hand hinein.

Blätter solln dich warm bedecken,
bis dich die Sonnenstrahlen wecken.

Ein bunter Adventskranz

Wir brauchen: dunkelgrünes, rotes und gelbes Buntpapier, rotes Schmuckband, weißes und braunes Tonpapier, Klebstoff, Bleistift

Wir zeichnen mit Hilfe eines Tellers einen großen Kreis auf ein Blatt Papier. Mit einer Untertasse zeichnen wir innerhalb des ersten Kreises einen zweiten, kleineren Kreis; so entsteht eine Ringform. Aus dunkelgrünem Papier reißen wir kleine Stücke und kleben sie als Tannengrün auf die Ringfläche. Dann reißen wir aus rotem Papier die vier Kerzen und aus gelbem Papier die Kerzenflammen aus und kleben sie auf. Aus rotem Schmuckband binden wir Schleifen und kleben sie auf den Kranz.

Idee: Sieglinde Bock, Christa Ebert

Wenn die Finger vor Weihnachten durchs Schlüsselloch gucken

Fingerspiel

Der Daumen wird jetzt rausgestreckt,
erzähl, was hast du denn entdeckt?
Ich kann das Kranauto schon sehn,
da kann ich bestimmt an der Kurbel drehn.

Der Zeigefinger wird jetzt rausgestreckt,
erzähl, was hast du denn entdeckt?
Ich seh ein Stück von der Kasperlemütze,
die ist ganz bunt mit roter Litze.

Der Mittelfinger wird jetzt rausgestreckt,
erzähl, was hast du denn entdeckt?
Ich seh vom Teddy nur ein Ohr,
das guckt hinterm Tannenbaum hervor.

Der Ringfinger wird jetzt rausgestreckt,
erzähl, was hast du denn entdeckt?
Ich seh ein braunes Hexenhaus,
da schaut ein Kater zum Fenster hinaus.

Der kleine Finger wird jetzt rausgestreckt,
erzähl, was hast du denn entdeckt?
Ich seh nichts mehr, nun ist es zu spät,
die Mutter hat den Schlüssel umgedreht.
Nun haben alle Finger Ruh,
denn die Tür bleibt bis Weihnachten fest zu!

Schade ...

Die fünf Finger der rechten Hand können nacheinander durch die gespreizten Finger der linken Hand »schauen«. Wenn der kleine Finger »gucken« will, wird die linke Hand zur Faust geschlossen.
Die fünf Finger können auch durch ein aus Pappe oder Tonpapier gebasteltes Schlüsselloch gesteckt werden.

Stoßseufzer vom Marzipanschwein

Reimspiel

Ich bin das Schwein aus Marzipan
mit einem langen Faden ... dran.

Ihr heißen Kerzen, seht euch vor,
verbrennt mir nicht mein linkes ... Ohr.

O weh, mein rosa Ringelschwanz
ist halb versengt im Lichter... glanz.

Und hinten – weh-oho,
da schmilzt auch noch mein ... Po.

Ich hab noch immer zur Neujahrsnacht
Tom, Tim und Tini Glück ge... bracht.

Silvester die Raketen knallen,
da will ich ihnen noch ge... fallen.

Passt auf, ihr Kerzen am Weihnachtsbaum,
stört nicht meinen süßen Schweine... traum.

Uff! Uff! Schnuff! Schnuff!

Schneemann-Girlande

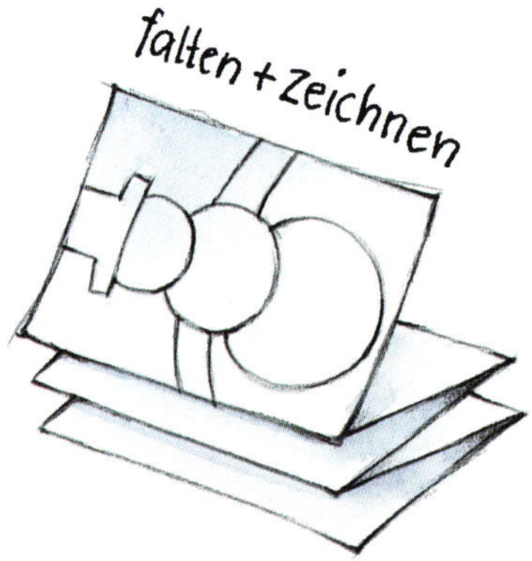

Wir brauchen: weißes Tonpapier, Buntstifte, Bleistift, Schere, Klebstoff

Einen Streifen Tonpapier (ca. 58 x 15 cm) ausschneiden, wie eine Ziehharmonika fünfmal falten und eine Schneemannfigur auf das oberste Blatt aufzeichnen. Darauf achten, dass die Hände bis an die rechte und linke Kante reichen, da die Figuren hier zusammenhängen werden. Die Schneemannfiguren werden ausgeschnitten, dann auseinander gefaltet und jeder einzelne Schneemann dann mit Buntstiften verziert.

Idee: Ulrike Boels

Nikolaus-Girlande

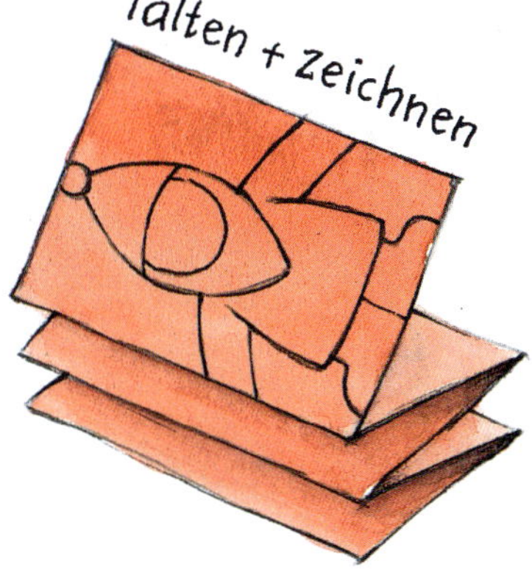

Wir brauchen: rotes und weißes Tonpapier, Schere, Klebstoff, Bleistift, Buntstifte

Einen Streifen rotes Tonpapier (ca. 50 x 14 cm) ausschneiden, wie eine Ziehharmonika fünfmal falten und eine Nikolausfigur auf das oberste Blatt aufzeichnen. Auch hier müssen die Hände an den gefalteten Kanten zusammenhängen. Den Nikolaus ausschneiden und die Figuren auffalten. Bei jeder Figur nun Gesicht und Bart aufkleben, Augen, Nase und Mund aufmalen und weiße Streifen auf die Ärmel und den Mantelsaum sowie eine weiße Bommel an die Mütze kleben.

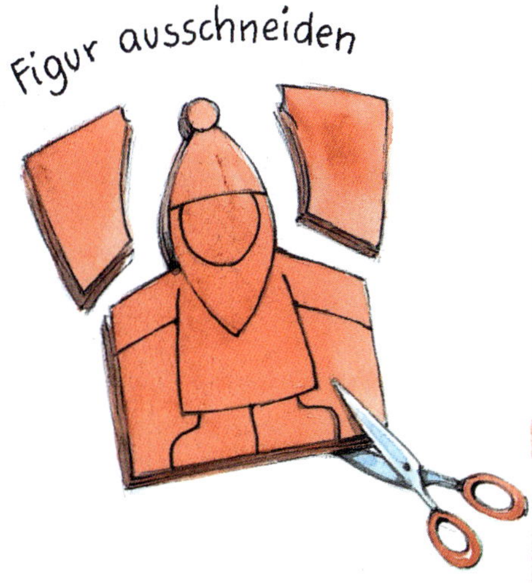

Idee: Ulrike Boels

Die kleinen Tiere an der Krippe

Fingerspiel für bemalte Finger. Die Verse können auch auf die Melodie »Lasst uns froh und munter sein« gesungen werden

Viele Tiere groß und klein
ziehen in den Stall hinein.
Öffnen ihre Schnäbel weit,
kommt, singt mit in der Weihnachtszeit.

Auf die Innenfläche der linken Hand werden die Umrisse einer Krippe oder eines Stalls gemalt. Die Finger der rechten Hand bewegen sich auf den Stall zu.

Seht, die Taube fliegt voran,
führt den Zug der Tiere an.
Gurrt und hebt die Schwingen sacht
in der dunklen Heil'gen Nacht.

Der Daumen der rechten Hand wird mit ruhigen Bewegungen an die Krippe geführt.

Schaut den bunten Falter an,
wie der fröhlich flattern kann.
Durch die Flügel scheint das Licht,
seht, er fliegt zur Krippe dicht.

Der Zeigefinger der rechten Hand bewegt sich schnell hin und her.

Glückskäfer ist auch dabei,
fliegt über das warme Heu.
Hat dem Kinde Glück gebracht
dort im Stall in der Heiligen Nacht.

Der Mittelfinger der rechten Hand wird über der Krippe hin und her bewegt.

Eichelhäher schnarrt ... Gefahr,
warnt das Kind vor der Kriegerschar.
Schenkt die blaue Feder hier,
legt sie, Kind, in die Krippe dir.

Der Ringfinger der rechten Hand berührt die Krippe.

Buchfink, Meise, Nachtigall,
loben dich mit ihrem Schall.
Haben in der Heiligen Nacht,
liebes Kind, dich froh gemacht.

Der kleine Finger der rechten Hand bewegt sich um die Krippe herum. Dazu können die Kinder summen, trällern, zwitschern.

Die Finger können mit folgenden Farben gekennzeichnet werden.

Daumen: weiß

Zeigefinger: mehrfarbig

Mittelfinger: rot mit schwarzen Punkten

Ringfinger: grau mit blauen Streifen

Kleiner Finger: grau mit gelben und braunen Streifen

Fingerspiel von den kleinen Weihnachtszwergen

Ein Fingerspiel für mehrere Kinder

Die Zwerge können als Fingerpuppen aus Filz auf den Fingern bewegt werden oder sie werden auf einen Kochlöffel gesetzt. Sie tragen an der Mütze oder um den Hals ein kleines Glöckchen. Eine Bastelanleitung für die Zwergen-Fingerpuppen befindet sich auf Seite 73.

Heut wandern wir zu den kleinen Zwergen,
die wohnen hinter den sieben Bergen.
Dort haben sie ihr Zwergenhaus
und gucken zum Zwergenfenster hinaus.
Sie malen und sägen tagaus, tagein,
zum Fest soll alles fertig sein:
die Puppe für Sabine,
für Michael Zug und Schiene,
für Anna der Schmusekater,
für Laura das Kasperletheater.
Bitte, liebe Zwerge, vergesst uns doch nicht,
bei uns vor dem Fenster da brennt ein Licht.
Und kommt ihr polternd die Treppe hinauf,
dann machen wir euch schnell die Türe auf.
Und schnuppert ihr bei uns in die Luft,
da riecht ihr schon den Weihnachtsduft!
Ihr dürft von den Plätzchen gleich naschen,
füllt bis oben voll die Zwergentaschen.
Und klingelt bitte bei Nummer sieben!
Wir sind für euch extra noch wach geblieben.

Die Kinder können mit den Händen ein Zwergenhäuschen bilden, indem die Fingerspitzen beider Hände aneinander gelegt werden.
Zwischen den gespreizten Fingern können die Zwerge herausgucken.

Die Kinder stampfen mit den Füßen.
Die Kinder schnuppern.

Die Zwerge klingeln mit den Glöckchen.

Faschingslied

Die Verse können auf die Melodie
»Die Tiroler sind lustig« gesungen werden

Heute feiern wir Fasching,
hey, alle mitgemacht!
Da bleibt keiner zu Hause,
wenn es tobt, schreit und kracht!

Wir ziehen im Kreise,
ein König voran.
Ein Indianer und Torero,
die führen uns an.

Es gibt auch Gespenster,
Vampire, schaut her!
Astronauten und Cowboys,
kleine Käfer und noch mehr.

Auch einen Bäcker und Schneider,
der Zauberer Kasimor,
zwei Kater, ein Löwe
und drei Mäuschen flitzen vor.

Wer kichert da draußen?
Das ist Hixi, die Hex.
Und sie kitzelt am Schwanze
den Tyrannosaurus Rex.

Wir ziehen im Kreise,
und wir laden euch ein.
Singen, toben, tanzen,
ja, so soll's im Fasching sein!

ELEFANT
PINGUIN
PIRAT
KÖNIG
HAHN

Zwergen-Fingerpuppe

Wir brauchen: Filzstück 10 x 10 cm, verschiedenfarbige Filzreste, Nadel und Faden, Klebstoff, Filzstifte

Eine Zwergenpuppe zu basteln ist gar nicht schwierig. Der Körper (Grundform) wird zweimal aus dem Filzstück zugeschnitten, aufeinander gelegt und mit Knopflochstich zusammengenäht. Aus den Filzresten werden nun Gesicht, Mütze mit Bommel und der Schal zugeschnitten und auf den Körper geklebt. Augen, Nase und Mund mit Filzstiften aufmalen. Die Grundform für den Körper einer Fingerpuppe kann natürlich zu beliebigen Figuren gestaltet werden. Sie lässt sich in vieles verwandeln: mit großen Ohren und einem Rüssel in einen Elefanten, mit Flügeln rechts und links in einen Schmetterling oder Vogel, in eine Kasperle-Figur, mit wildem Bart, Kopftuch und Augenklappe in einen Piraten ...

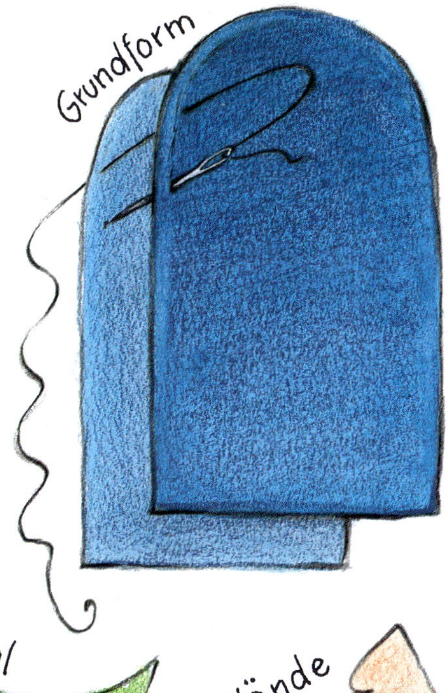